Impressum
Verlag: BABADADA GmbH, Nedderfeld 112 , 22529 Hamburg
Geschäftsführer / Verlagsleitung: Harald Hof
Druck: Books on Demand GmbH, In de Tarpen 42, 22848 Norderstedt

Imprint
Publisher: BABADADA GmbH, Nedderfeld 112 , 22529 Hamburg, Germany
Managing Director / Publishing direction: Harald Hof
Print: Books on Demand GmbH, In de Tarpen 42, 22848 Norderstedt

dividir
除

786/2

pizarrón
黑板

aula
教室

patio de escuela
校园

maestro
老师

papel
纸

escribir
书写

birome
钢笔

escritorio
办公桌

regla
直尺

libro
书

alumno
学生

mochila

书包

caja de lápices

铅笔盒

lápiz

铅笔

sacapuntas

卷笔刀

goma (de borrar)

橡皮擦

bloc de dibujo

画板

dibujo

图画

pincel

画笔

caja de pinturas

颜料盒

tijera

剪刀

pegamento

胶水

cuaderno de ejercicios

练习册

tarea

家庭作业

número

数字

sumar

加

restar

减

multiplicar

乘

calcular

计算

letra

字母

abecedario

字母表

palabra

字

texto

课文

leer

读

tiza

粉笔

lección

上课

cuaderno de clase

登记

examen

考试

certificado

证书

uniforme escolar

校服

educación

教育

enciclopedia

百科全书

universidad

大学

microscopio

显微镜

mapa

地图

tacho (de basura)

废纸筐

hotel
酒店

Grand

hostel
青年旅社

ROOMS

casa de cambio
外币兑换处

EXCHANGE

D

valija
手提箱

auto
汽车

idioma

语言

sí / no

是/否

Está bien

好的

hola

您好

traductor

翻译员

Gracias

谢谢

¿cuánto cuesta…?

......多少钱？

No entiendo

我不明白

problema

问题

¡Buenas tardes!

晚上好！

¡Buenos días!

早上好！

¡Buenas noches!

晚安！

adiós

再见

dirección

方向

equipaje

行李

bolso

包

mochila

双肩包

invitado

客人

habitación

房间

bolsa de dormir

睡袋

carpa

帐篷

información turística

旅游信息

playa

海滩

tarjeta de crédito

信用卡

desayuno

早餐

almuerzo

午餐

cena

晚餐

pasaje

票

ascensor

电梯

sello

邮票

frontera

边界

aduana

海关

embajada

大使馆

visa

签证

pasaporte

护照

viaje - 旅行

avión
飞机

barco
船

autobomba
消防车

colectivo
公交车

camión
卡车

lancha a motor
汽艇

bicicleta
自行车

auto
汽车

ferry

摆渡船

bote

小船

moto

摩托车

patrullero

警车

auto de carreras

赛车

auto de alquiler

租车

alquiler de autos

拼车

grúa

拖车

camión de basura

垃圾车

motor

发动机

nafta

汽油

estación de servicio

加油站

señal de tránsito

交通标志

tránsito

交通

embotellamiento

交通堵塞

estacionamiento

停车场

estación de tren

火车站

vías

轨道

tren

火车

tranvía

电车

vagón

货车

helicóptero

直升机

aeropuerto

机场

torre

塔

pasajero

乘客

contenedor

集装箱

caja de cartón

纸板箱

carretilla

手推车

canasta

篮子

despegar / aterrizar

起飞/降落

ciudad

城市

pueblo

村庄

centro de ciudad

市中心

casa

房子

cine
电影院

publicidad
广告

farol
路灯

calle
街道

taxi
出租车

peatón
行人

kiosco
小吃店

vereda
人行道

paso peatonal
斑马线

contenedor de basura
垃圾箱

cruce
十字路口

semáforo
红绿灯

cabaña

小屋

departamento

公寓

estación de tren

火车站

municipalidad

市政厅

museo

博物馆

colegio

学校

universidad

大学

banco

银行

hospital

医院

hotel

酒店

farmacia

药房

oficina

办公室

librería

书店

negocio

商店

florería

花店

supermercado

超市

mercado

市场

grandes tiendas

百货商店

pescadería

鱼店

centro comercial

购物中心

puerto

海港

parque

公园

banco

长凳

puente

桥

escaleras

楼梯

subte

地铁

túnel

隧道

parada del colectivo

公交车站

bar

酒吧

restaurante

餐馆

buzón

邮筒

letrero

路标

parquímetro

停车计时器

zoológico

动物园

pileta

游泳馆

mezquita

清真寺

granja

农场

contaminación

污染

cementerio

墓地

iglesia

教堂

juegos infantiles

操场

templo

寺庙

paisaje

地形

hoja
树叶

poste indicador
指示牌

camino
路

pradera
草地

piedra
石头

árbol
树

excursionista
徒步旅行者

río
河

hierba
草

flor
花

valle

峡谷

montaña

山

lago

湖

bosque

森林

desierto

沙漠

volcán

火山

castillo

城堡

arco iris

彩虹

champiñón

蘑菇

palmera

棕榈树

mosquito

蚊子

mosca

苍蝇

hormiga

蚂蚁

abeja

蜜蜂

araña

蜘蛛

escarabajo

甲虫

rana

青蛙

ardilla

松鼠

erizo

刺猬

liebre

野兔

lechuza

猫头鹰

pájaro

鸟

cisne

天鹅

jabalí

野猪

ciervo

鹿

alce

麋鹿

presa

水坝

aerogenerador

风力发电机

panel solar

太阳能电池板

clima

气候

mozo
服务员

menú
菜单

silla
椅子

sopa
汤

pizza
披萨饼

cubiertos
餐具

mantel
桌布

entrada

前菜

plato principal

主菜

postre

甜点

bebidas

饮料

comida

食物

botella

瓶子

comida rápida

快餐

comida callejera

街边小吃

tetera

茶壶

azucarera

糖盒

porción

一份饭菜

cafetera expreso

意式咖啡机

sillita alta

高脚椅

cuenta

账单

bandeja

托盘

cuchillo

刀

tenedor

餐叉

cuchara

勺子

cucharita

茶匙

servilleta

餐巾

vaso

玻璃杯

plato

碟子

plato hondo

汤盘

plato

碟子

salsa

酱

salero

盐瓶

molinillo de pimienta

胡椒磨

vinagre

醋

aceite

食用油

especias

调味料

kétchup

番茄酱

mostaza

芥末

mayonesa

蛋黄酱

oferta especial
特价

cliente
顾客

lácteos
乳制品

fruta
水果

changuito
购物车

FOR

carnicería

肉铺

panadería

面包房

pesar

称重

verduras

蔬菜

carne

肉

alimentos congelados

冷冻食品

fiambres

冷盘

alimentos enlatados

罐头食品

detergente en polvo

洗衣粉

golosinas

甜食

electrodomésticos

日用品

productos de limpieza

清洁用品

vendedora

销售员

caja

收银机

cajero

收银员

lista de compras

购物清单

horario de atención

开放时间

billetera

钱包

tarjeta de crédito

信用卡

cartera

袋子

bolsa de plástico

塑料袋

agua

水

jugo

果汁

leche

牛奶

bebida cola

可乐

vino

红酒

cerveza

啤酒

alcohol

酒

cacao

可可

té

茶

café

咖啡

café expreso

意式浓缩咖啡

cappuccino

卡布奇诺

banana

香蕉

manzana

苹果

naranja

橙子

melón

西瓜

limón

柠檬

zanahoria

胡萝卜

ajo

大蒜

bambú

竹子

cebolla

洋葱

champiñón

蘑菇

nueces

坚果

fideos

面条

tallarines

意大利面条

arroz

米饭

ensalada

沙拉

papas fritas

薯条

papas fritas

炸土豆

pizza

披萨饼

hamburguesa

汉堡包

sándwich

三明治

churrasco

炸猪排

jamón

火腿

salame

萨拉米

salchicha

香肠

pollo

鸡肉

asado

烤肉

pescado

鱼

copos de avena

燕麦片

muesli

穆兹利

copos de maíz

玉米片

harina

面粉

medialuna

羊角面包

pancito

面包卷

pan

面包

tostada

烤面包

galletitas

饼干

manteca

黄油

cuajada

凝乳

torta

蛋糕

huevo

蛋

huevo frito

煎蛋

queso

奶酪

helado

冰激凌

azúcar

糖

miel

蜂蜜

mermelada

果酱

pasta de chocolate

巧克力酱

curry

咖喱饭

granja
农舍

granero
粮仓

fardo de paja
稻草捆

campo
田野

caballo
马

remolque
拖车

potrillo
马驹

tractor
拖拉机

burro
驴

oveja
羊

cordero
羔羊

cabra

山羊

vaca

奶牛

ternero

牛犊

cerdo

猪

lechón

小猪

toro

公牛

ganso

鹅

pato

鸭

pollo

小鸡

gallina

母鸡

gallo

公鸡

rata

鼠

gato

猫

ratón

老鼠

buey

牛

perro

狗

cucha

狗屋

manguera

花园浇水软管

regadera

洒水壶

guadaña

长柄大镰刀

arado

犁

hoz

镰刀

azada

锄头

horquilla

长柄草耙

hacha

斧头

carretilla

独轮手推车

abrevadero

饲料槽

lechera

牛奶罐

bolsa

麻布袋

reja

栅栏

establo

马厩

invernadero

温室

suelo

土壤

semilla

种子

fertilizador

肥料

cosechadora

联合收割机

cosechar

收割

cosecha

收割

batatas

山药

trigo

小麦

soja

大豆

papa

土豆

maíz

玉米

semilla de colza

油菜籽

árbol frutal

果树

mandioca

树薯

cereales

谷物

chimenea
烟囱

techo
屋顶

caño de desagüe
落水管

ventana
窗户

garaje
车库

timbre
门铃

puerta
门

tacho de basura
垃圾桶

buzón
信箱

jardín
花园

living

客厅

baño

浴室

cocina

厨房

dormitorio

卧室

cuarto de los chicos

儿童房

comedor

餐厅

piso

地板

pared

墙壁

cielorraso

吊顶

sótano

地窖

sauna

桑拿

balcón

阳台

terraza

露台

pileta

游泳池

cortadora de pasto

割草机

sábana

被单

acolchado

床罩

cama

床

escoba

扫帚

balde

水桶

interruptor

开关

empapelado
壁纸

imagen
照片

lámpara
台灯

estante
搁架

armario
橱柜

televisión
电视机

chimenea
壁炉

flor
花

almohadón
垫子

sofá
沙发

florero
花瓶

control remoto
遥控器

alfombra

地毯

cortina

窗帘

mesa

餐桌

silla

椅子

mecedora

摇椅

sillón

扶手椅

libro

书

frazada

毯子

decoración

装饰品

leña

木柴

película

电影

equipo de música

高保真音响

llave

钥匙

diario

报纸

pintura

油画

póster

海报

radio

收音机

cuaderno

笔记本

aspiradora

吸尘器

cactus

仙人掌

vela

蜡烛

heladera
冰箱

microondas
微波炉

balanza de cocina
厨房秤

tostadora
烤面包机

detergente
洗洁精

horno
烤箱

freezer
冰柜

tacho de basura
垃圾桶

lavaplatos
洗碗机

cocina

炊具

olla

锅

olla de hierro fundido

铸铁锅

wok

炒锅

sartén

平底锅

pava

水壶

vaporera

蒸锅

bandeja de horno

烤盘

vajilla

陶瓷锅

taza

马克杯

bol

碗

palitos

筷子

cucharón

长柄勺

estpátula

铲子

batidora

搅拌器

colador

滤网

colador

筛子

rallador

磨碎机

mortero

研钵

parrilla

烧烤

fogata

明火

tabla de picar

菜板

palo de amasar

擀面杖

sacacorchos

开瓶器

lata

罐子

abrelatas

开罐器

manopla

隔热手套

pileta

水槽

cepillo

刷子

esponja

海绵

batidora

搅拌机

congelador

冷藏箱

mamadera

奶瓶

canilla

水龙头

calefacción
供暖设备

ducha
淋浴

toalla
毛巾

cortina de ducha
浴帘

baño de espuma
泡沫浴

bañadera
浴缸

vaso
玻璃杯

lavarropas
洗衣机

canilla
水龙头

baldosas
瓷砖

pelela
便壶

pileta
水槽

inodoro

厕所

letrina

蹲便器

bidé

坐浴器

mingitorio

小便池

papel higiénico

厕纸

cepillo para el inodoro

马桶刷

cepillo de dientes

牙刷

dentífrico

牙膏

hilo dental

牙线

lavar

洗

ducha de mano

手持式喷淋头

ducha higiénica

冲洗器

palangana

洗脸盆

cepillo para espalda

擦背刷

jabón

肥皂

gel de ducha

沐浴露

shampoo

洗发水

toallita

法兰绒

desagüe

排水

crema

乳霜

desodorante

除臭剂

baño - 浴室

espejo

镜子

espejito

手镜

maquinita de afeitar

剃须刀

espuma de afeitar

剃须泡沫

aftershave

须后水

peine

梳子

cepillo

刷子

secador de pelo

吹风机

spray

喷发定型剂

maquillaje

化妆品

lápiz de labios

唇膏

esmalte para uñas

指甲油

algodón

化妆棉

tijera para uñas

指甲剪

perfume

香水

portacosméticos

洗漱包

banqueta

凳子

balanza

计重秤

bata

浴袍

guantes de goma

橡胶手套

tampón

卫生棉条

toallita femenina

卫生巾

baño químico

化学厕所

despertador
闹钟

peluche
毛绒玩具

coche de juguete
玩具车

casa de muñecas
玩具屋

regalo
礼物

sonajero
拨浪鼓

globo
气球

cama
床

cochecito
（洋娃娃用）婴儿车

cartas
扑克牌

rompecabezas
拼图

historieta
漫画

piezas de lego

乐高积木

ladrillos de juguete

积木玩具

figura de acción

玩具人

enterito (de bebé)

婴儿服

frisbee

飞盘

móvil para bebés

床铃玩具

juego de mesa

棋盘游戏

dados

骰子

tren eléctrico

火车模型

chupete

安抚奶嘴

fiesta

聚会

libro de cuentos ilustrado

绘本

pelota

球

muñeca

洋娃娃

jugar

玩

arenero

沙坑

hamaca

秋千

juguetes

玩具

consola de videojuegos

游戏机

triciclo

三轮车

osito de peluche

泰迪熊

armario

衣柜

ropa
衣服

medias

袜子

medias panty

长袜

calzas

紧身裤

bufanda
围巾

cinturón
皮带

paraguas
雨伞

remera
T恤

zapatillas
运动鞋

botas
靴子

pantuflas
拖鞋

sandalias
凉鞋

zapatos
鞋

botas de goma
雨靴

ropa interior
内裤

corpiño
胸罩

chaleco
背心

body

身体

pantalones

裤子

jeans

牛仔裤

pollera

短裙

blusa

女式衬衫

camisa

衬衫

pulóver

套头衫

buzo

卫衣

blazer

西装夹克

campera

夹克

tapado

外套

piloto

雨衣

traje

套装

vestido

连衣裙

vestido de novia

婚纱

traje

西装

camisón

睡袍

pijama

睡衣

sari

莎丽

pañuelo para cabeza

头巾

turbante

包头巾

burka

波卡

caftán

卡夫坦

abaya

(阿拉伯式)长袍长袍

traje de baño

泳衣

short de baño

男式泳裤

shorts

短裤

jogging

运动服

delantal

围裙

guantes

手套

botón

纽扣

anteojos

眼镜

pulsera

手链

collar

项链

anillo

戒指

aro

耳环

gorra

便帽

percha

衣架

sombrero

帽子

corbata

领带

cierre

拉链

casco

头盔

tiradores

背带

uniforme escolar

校服

uniforme

制服

babero
围兜

chupete
安抚奶嘴

pañal
尿不湿

servidor
服务器

archivero
文件柜

impresora
打印机

papel
纸

monitor
显示屏

escritorio
办公桌

mouse
鼠标

carpeta
文件夹

teclado
键盘

tacho (de basura)
废纸筐

silla
椅子

computadora
电脑

taza de café
咖啡杯

calculadora
计算器

internet
因特网

laptop

笔记本电脑

carta

信件

mensaje

消息

celular

手机

red

网络

fotocopiadora

复印机

software

软件

teléfono

电话

tomacorriente

插座

fax

传真机

formulario

表格

documento

文件

comprar

买

pagar

付钱

hacer negocios

交易

dinero

现金

dólar

美元

euro

欧元

yen

日元

rublo

卢布

franco suizo

瑞士法郎

yuan

人民币

rupia

卢比

cajero automático

提款处

casa de cambio

外币兑换处

oro

金

plata

银

petróleo

石油

energía

能源

precio

价格

contrato

合同

impuesto

税金

acción

股票

trabajar

工作

empleado

职员

empleador

老板

fábrica

工厂

negocio

商店

piloto
飞行员

policía
警官

bombero
消防员

médico
医生

cocinero
厨师

jardinero

园丁

carpintero

木匠

modista

裁缝

juez

法官

farmacéutico

化学家

actor

演员

colectivero

公交车司机

taxista

出租车司机

pescador

渔夫

mucama

清洁女工

techista

屋顶工

mozo

服务员

cazador

猎人

pintor

画家

panadero

面包师

electricista

电工

albañil

建筑工人

ingeniero

工程师

carnicero

屠夫

plomero

水管工

cartero

邮递员

soldado

士兵

arquitecto

建筑师

cajero

收银员

florista

花农

peluquero

理发师

cobrador

售票员

mecánico

机械师

capitán

船长

dentista

牙医

científico

科学家

rabino

拉比

imán

伊玛目

monje

和尚

sacerdote

牧师

ocupaciones - 职业

martillo
铁锤

tenaza
钳子

destornillador
螺丝刀

llave
扳手

linterna
手电筒

excavadora

挖掘机

caja de herramientas

工具箱

escalera portátil

梯子

sierra

锯子

clavos

钉子

taladro

钻机

arreglar

修

pala de jardín

铲子

¡Qué bronca!

靠！

pala de plástico

簸箕

tacho de pintura

油漆桶

tornillos

螺丝

instrumentos musicales

乐器

parlante

扬声器

batería

打击乐器

guitarra

吉他

contrabajo

低音提琴

trompeta

小号

piano

钢琴

violín

小提琴

bajo

贝斯

timbales

定音鼓

tambor

鼓

teclado

电子琴

saxofón

萨克斯管

flauta

长笛

micrófono

麦克风

zoo

entrada
入口

tigre
老虎

jaula
笼子

cebra
斑马

alimento para animales
动物饲料

oso panda
熊猫

animales

动物

elefante

大象

canguro

袋鼠

rinoceronte

犀牛

gorila

大猩猩

oso

熊

camello

骆驼

avestruz

鸵鸟

león

狮子

mono

猴子

flamenco

火烈鸟

loro

鹦鹉

oso polar

北极熊

pingüino

企鹅

tiburón

鲨鱼

pavo real

孔雀

serpiente

蛇

cocodrilo

鳄鱼

cuidador del zoológico

动物园管理员

foca

海豹

jaguar

美洲豹

poni

矮种马

leopardo

豹

hipopótamo

河马

jirafa

长颈鹿

águila

老鹰

jabalí

野猪

pescado

鱼

tortuga

龟

morsa

海象

zorro

狐狸

gacela

羚羊

fútbol americano
橄榄球

ciclismo
骑自行车

tenis
网球

básquet
篮球

natación
游泳

boxeo
拳击

hockey sobre hielo
冰球

fútbol
英式足球

bádminton
羽毛球

atletismo
田径

handball
手球

esquí
滑雪

polo
马球

saltar
跳

abrazar
拥抱

reír
笑

caminar
走路

cantar
唱

soñar
做梦

rezar
祈祷

besar
亲吻

escribir

书写

dibujar

画

mostrar

展示

presionar

推

dar

给

tomar

拿

tener

有

hacer

做

ser

当

estar parado

站

correr

跑

tirar

拉

tirar

扔

caer

摔倒

estar acostado

躺

esperar

等待

llevar

携带

estar sentado

坐

vestirse

穿衣

dormir

睡觉

despertar

醒来

mirar

看

llorar

哭

acariciar

抚摸

peinar

梳头

hablar

交谈

entender

明白

preguntar

问

escuchar

听

beber

喝

comer

吃

ordenar

清理

amar

爱

cocinar

做饭

manejar

开车

volar

飞

navegar

航行

calcular

计算

leer

读

aprender

学习

trabajar

工作

casarse

结婚

coser

缝

cepillarse los dientes

刷牙

matar

杀

fumar

抽烟

enviar

寄

abuela
祖母

abuelo
祖父

padre
父亲

madre
母亲

bebé
婴童

hija
女儿

hijo
儿子

invitado

客人

tía

阿姨

tío

叔叔

hermano

兄弟

hermana

姐妹

frente
前额

ojo
眼睛

hombro
肩膀

dedo
手指

cara
脸

pera
下巴

mano
手

pecho
乳房

pierna
腿

brazo
手臂

bebé

婴童

hombre

男人

mujer

女人

nena

女孩

nene

男孩

cabeza

头

espalda

背部

panza

肚子

ombligo

肚脐

dedo del pie

脚趾

talón

脚后跟

hueso

骨头

cadera

臀部

rodilla

膝盖

codo

手肘

nariz

鼻子

cola

屁股

piel

皮肤

cachete

脸颊

oreja

耳朵

labio

嘴唇

boca

嘴

diente

牙齿

lengua

舌头

cerebro

脑

corazón

心脏

músculo

肌肉

pulmón

肺

hígado

肝脏

estómago

胃

riñones

肾脏

sexo

性交

preservativo

避孕套

óvulo

卵子

semen

精子

embarazo

怀孕

menstruación

月经

vagina

阴道

pene

阴茎

ceja

眉毛

pelo

头发

cuello

脖子

hospital
医院

ambulancia
救护车

silla de ruedas
轮椅

fractura
骨折

médico

医生

sala de guardia

急诊室

enfermera

护士

emergencia

紧急情况

inconsciente

昏迷

dolor

痛

lesión

受伤

hemorragia

出血

infarto

心脏病发作

ACV

中风

alergia

过敏

tos

咳嗽

fiebre

发烧

gripe

流感

diarrea

腹泻

dolor de cabeza

头痛

cáncer

癌症

diabetes

糖尿病

cirujano

外科医生

bisturí

手术刀

operación

手术

TC
CT

rayos x
X光

ecografía
超声波

barbijo
口罩

enfermedad
疾病

sala de espera
候诊室

muleta
拐杖

curita
石膏

venda
绷带

inyección
注射

estetoscopio
听诊器

camilla
担架

termómetro
体温计

nacimiento
出生

sobrepeso
超重

audífono

助听器

desinfectante

消毒液

infección

感染

virus

病毒

VIH / SIDA

艾滋病

remedio

药物

vacunación

接种疫苗

comprimidos

药片

pastilla anticonceptiva

药丸

llamada de emergencia

急救电话

tensiómetro

血压计

enfermo / sano

生病/健康

¡Ayuda!

救命！

alarma

警报

agresión

突击

ataque

攻击

peligro

危险

salida de emergencia

紧急出口

¡Fuego!

着火啦！

matafuego

灭火器

accidente

意外

botiquín de primeros auxilios

急救箱

SOS

呼救信号

policía

警察

Europa

欧洲

América del Norte

北美洲

América del Sur

南美洲

África

非洲

Asia

亚洲

Australia

澳洲

Atlántico

大西洋

Pacífico

太平洋

Océano Índico

印度洋

Océano Antártico

南冰洋

Océano Ártico

北冰洋

polo norte

北极

polo sur

南极

Antártida

南极洲

Tierra

地球

tierra

陆地

mar

海

isla

岛

nación

国家

estado

国家

esfera

钟面

manecilla de las horas

时针

minutero

分针

segundero

秒针

¿Qué hora es?

现在几点？

día

天

hora

时间

ahora

现在

reloj digital

电子表

minuto

分

hora

时

lunes
周一

miércoles
周三

viernes
周五

MO

W

FR

TU

TH

SA

sábado
周六

SO

martes
周二

jueves
周四

domingo
周日

ayer

昨天

hoy

今天

mañana

明天

mañana

早晨

mediodía

中午

tarde

晚上

MO	TU	WE	TH	FR	SA	SU
1	2	3	4	5	6	7
8	9	10	11	12	13	14
15	16	17	18	19	20	21
22	23	24	25	26	27	28
29	30	31	1	2	3	4

días hábiles

工作日

MO	TU	WE	TH	FR	SA	SU
1	2	3	4	5	6	7
8	9	10	11	12	13	14
15	16	17	18	19	20	21
22	23	24	25	26	27	28
29	30	31	1	2	3	4

fin de semana

周末

lluvia
雨

arco iris
彩虹

viento
风

nieve
雪

primavera
春

otoño
秋

verano
夏

invierno
冬

pronóstico meteorológico

天气预报

termómetro

温度计

luz del sol

阳光

nube

云

niebla

雾

humedad

潮湿

rayo

闪电

trueno

打雷

tormenta

风暴

granizo

冰雹

monzón

季风

inundación

洪水

hielo

冰

enero

一月

febrero

二月

marzo

三月

abril

四月

mayo

五月

junio

六月

julio

七月

agosto

八月

año - 年

septiembre
....
九月

octubre
....
十月

noviembre
....
十一月

diciembre
....
十二月

formas

形状

círculo
....
圆形

cuadrado
....
正方形

rectángulo
....
长方形

triángulo
....
三角形

esfera
....
球体

cubo
....
立方体

blanco

白

amarillo

黄

naranja

橙

rosa

粉

rojo

红

violeta

紫

azul

蓝

verde

绿

marrón

棕

gris

灰

negro

黑

mucho / poco

很多/少许

enojado / tranquilo

生气/平静

lindo / feo

美/丑

principio / fin

首/尾

grande / chico

大/小

claro / oscuro

明/暗

hermano / hermana

兄弟/姐妹

limpio / sucio

干净/肮脏

completo / incompleto

完整/缺失

día / noche

白天/晚上

muerto / vivo

死/生

ancho / angosto

宽/窄

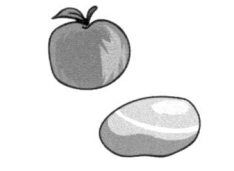

comestible / no comestible

可食用/非食用

malo / amable

邪恶/善良

entusiasmado / aburrido

兴奋/无聊

gordo / flaco

胖/瘦

primero / último

第一/最后

amigo / enemigo

朋友/敌人

lleno / vacío

满/空

duro / blando

硬/软

pesado / liviano

重/轻

hambre / sed

饿/渴

enfermo / sano

生病/健康

ilegal / legal

非法/合法

inteligente / estúpido

聪明/愚笨

izquierda / derecha

左/右

cerca / lejos

近/远

nuevo / usado

新/旧

nada / algo

没有/有些

viejo / joven

老/幼

encendido / apagado

开/关

abierto / cerrado

打开/合上

silencioso / ruidoso

安静/吵闹

rico / pobre

富/穷

correcto / incorrecto

对/错

áspero / suave

粗糙/光滑

triste / contento

伤心/高兴

corto / largo

短/长

lento / rápido

慢/快

mojado / seco

湿/干

caliente / frío

温暖/凉爽

guerra / paz

战争/和平

0

cero

零

1

uno

一

2

dos

二

3

tres

三

4

cuatro

四

5

cinco

五

6

seis

六

7

siete

七

8

ocho

八

9

nueve

九

10

diez

十

11

once

十一

12
doce
十二

13
trece
十三

14
catorce
十四

15
quince
十五

16
dieciséis
十六

17
diecisiete
十七

18
dieciocho
十八

19
diecinueve
十九

20
veinte
二十

100
cien
百

1.000
mil
千

1.000.000
millón
百万

idiomas

语言

inglés

英语

inglés americano

美式英语

chino mandarín

普通话

hindi

印地语

español

西班牙语

francés

法语

árabe

阿拉伯语

ruso

俄语

portugués

葡萄牙语

bengalí

孟加拉语

alemán

德语

japonés

日语

yo

我

vos

你

él / ella

他/她/它

nosotros

我们

ustedes

你们

ellos

他们

¿quién?

谁？

¿qué?

什么？

¿cómo?

怎样？

¿dónde?

哪里？

¿cuándo?

什么时候？

nombre

名字

detrás

后面

en

里面

adelante de

前面

por encima de

上方

sobre

上面

debajo de

下面

al lado de

旁边

entre

中间

lugar

地点